THÈSE

POUR

LA LICENCE

PARIS

Imprimerie Spéciale des Thèses.

F. PICHON, LIBRAIRE-ÉDITEUR,

14, rue Cujas, 14.

THÈSE
POUR LA LICENCE

L'acte public sur les matières ci-après sera soutenu

le jeudi 13 décembre 1877, à midi.

PAR

André VINCENT

PRÉSIDENT : M. BUFNOIR,

SUFFRAGANTS : { MM. GIDE, LEVEILLÉ, } professeurs.
{ LEFEBVRE. } agrégé.

Le Candidat répondra en outre aux questions qui lui seront faites sur les autres matières de l'enseignement.

PARIS

F. PICHON, IMPRIMEUR-LIBRAIRE,
14, rue Cujas, 14.

A MES PARENTS

A MES AMIS

JUS ROMANUM

DE REBUS AUCTORITATE JUDICIS

POSSIDENDIS SEU VENDUNDIS.

(Dig, livre XLII, titre V.)

Tres causæ, sunt ait Ulpianus, ex quibus in bonorum debitoris possessionem creditores prætor mittere potest : rei servandæ gratiâ, legatorum servandorum causâ et ventris nomine. In hoc autem libro rei servandæ gratiâ bonorum possessionem tractare in animo est.

Hanc argumentationem in duas partes dividere possumus; primum agetur de ipsâ missione et hujus effectu, postea de bonorum venditione pretiique ex his redacti distributione inter creditores faciendâ.

SECTIO PRIMA.

ARTICULUS PRIMUS.

De bonis in quæ mittuntur creditores et ad quæ hæ missio porrigatur.

Bonorum appellationem aut naturalem, aut civilem esse videmus. Liv. 49 § 50, Civili appelatione non commoda tantum sed et onera continentur: naturali autem appellatione id tantum continetur quod prodest. In hoc titulo bona tantum spectantur quæ in naturali appellatione continentur.

In bonis autem nostris computari sciendum est non ea tantum quæ dominii nostri sunt, sed hæc quæ bonâ fide possidemus, vel superficiaria sunt. Bona quoque intelliguntur actiones, petitiones et persecutiones, quia omnia ista prosunt.

Sunt quædam res quas possidere impedimur veluti prædium inondatum: eas autem res qui in possessionem missus fuit possidere

ita dicitur ut, cessante impedimento, creditores possessionem ingredi possint. Unde
Gaius : « creditor qui in possessionem missus est perinde habetur ac si etiam bona
possessa fuissent.

In bona autem tantum mitti possumus quæ
jurisdictioni magistratus subjiciuntur qui
misit in possessionem. Hinc Paulus : « Is
qui possidere, eo loco jussus videtur cujus
cura ad jubentem pertinet. »

ARTICULUS SECUNDUS.

*Quod jus tribuat creditoribus decretum ma-
gistratus et de actione quam isti habeant
si non sinantur in possessionem ingredi.*

Decreto creditoribus id tribuitur ut, quum
in bonorum possessionem venerint, jus pignoris in his rebus adipiscantur. Quod si
quis prohibuerit creditorem bona debitoris
ingredi, datur in eum actio quanti ea res
erit. Hic autem notandum discrimen est
inter creditores qui rei servandæ causâ et eos

qui legatorum causâ in possessionem missi sunt. Si quis legatorum servandorum causâ in possessionem missus, admissus non est ; si legati conditio pendat, licet possit deficere, œstimatur tamen id quod legatum est, quia legatarius hanc missionem poscit non tam ut pignus habeat quam ut heres ad cavendum invitetur. Creditores contra in possessionem mittuntur ut constituatur pignus quod vendere queant, sed quum ante eventum conditionis bona debitoris distrahi non possint conditionali creditori nihil profuit missio in bona, attamen illum in bonorum debitoris possessionem cum Cujacio censemus.

Item circa hanc actionem quæ creditori datur, qui possessionem ingredi prohibitus est, notandum est hoc, quod ex eâ creditor fuerit consecutus. imputari in debitum : ita Paulus « si quis creditorem missum in possessionem rei servandæ causâ non admiserit, si venditor (legamus oportet : debitor) præstiterit crditori quanti ejus interfuerit, quæsitum est an debitor liberetur et puto improbum esse qui velit iterum consequi quod accepit. »

ARTICULUS TERTIUS.

Quod jus tribuat creditoribus ipsa possessio bonorum quum eam ingressi sunt.

Hâc possessione creditores nec dominium, nec fructum nec usum obtinent, sed custodiam tantum per quam id consequatur, non tam ut ipsi fruantur quam ut debitorem frui prohibeant. Quamvis autem per hanc possessionem debitor frui prohibeatur, tamen in pupilli debitoris personâ singulare est quod, si pupillus ex contractu suo non defendatur ideoque bona ejus creditores possidere cæperint, diminutio ex his bonis fieri debet vescendi pupilli causâ.

Creditor in possessionem prædii missus fructus vendere vel fundum locare debet : quod si debitor jam antea, vili etiam pretio, venditionem aut locationem fecerit, res salvas prætor retinebit, exceptis in fraudem creditorum factis. Non locutus est prætor de locationis tempore : creditoribus igitur liberum arbitrium datum videtur. Si vero plures sint qui bona possideant, quis eorum vendere aut locare debeat quæritur ? Tunc omnes locare possunt, aut hoc negotium uni dare : si vero dissentiant, dicendum est prætorem, cognitâ causâ áliquem eligere debere qui locet vel vendat.

Nunc de instrumentis debitoris loquamur: creditores videmus ea cognoscere vel dispungere posse : Et prætor recognitionem et dispunctionem, instrumentorum describendorum jus creditoribus conceditur.

Creditore in possessionem debitoris missio, curator constitui debet si quædam actiones perituræ sunt, ut eas contestetur.

ARTICULUS QUARTUS.

Quibus proficiat missio in bonorum debitoris possessionem.

Si unus ex creditoribus se in bona debitoris mitti postulat, ab uno impetrata missio cœteris proficit ; et commodius dicitur,

quum prætor permiserit, non tam personæ
solius petentis quam creditoribus et in rem
permissum videri.

ARTICULUS QUINTUS.

Hæc possessio durare potest quamdiu aut
bona fuerint distracta, aut debitor defendi
cæperit : sed illa cadit cum debitor in judicio
defenditur. Ex Novella, vidimus Justinia-
num prohibuisse ne post missionem, dum
latitaret, bona sua recipiat debitor, nisi omnes impensas creditorum solvat, et satisdet
judicio sisti.

ARTICULUS SEXTUS.

Ultro citroque actionem dari tam ei ad
quam res pertinet quam creditori ex edicto
prætoris apparet.

1º Quidquid quum in possessione esset ex
re debitoris ad ipsum pervenit, creditor res-
tituere debet, sed eum de dolo tantum, non

de culpâ teneri apparet. Prætor ergo actionem in factum dat in eum qui fructus neque locavit, nec vendidit.

2⁰ Altera autem actio creditori datur qui fuit in possessione, sive adversus curatorem, sive adversus debitorem, si bona non fuerint distracta, ad quidquid repetendum quod sine dolo malo impensum fuit. Creditor actionem in factum, non negotiorum gestorum actionem habet, nam ille non alienum negotium gessisse videtur, sed commune. Quæ actiones neque temporaria sunt, et tum heredibus quam in heredes et cæteros successores dabuntur.

Quod si possessionis causâ deteriora facta sunt bona dolo ejus qui in possessionem missus fuit, datur in eum actio ex dolo, quæ post annum cessabit, nec in hæredes et cæteros successores dabitur quum ex delicto oriatur et pœnæ nomine concipiatur : hæredi autem dabitur quia et rei continet presecutionem.

SECTIO SECUNDA.

ARTICULUS PRIMUS.

De venditione bonorum.

Pro debito creditores addici sibi bona sui debitoris non jure postulant : sed si postquam in possessionem missi sunt, debitor per dies continuos triginta latitare pergat, impetrant ut ci distrahant.

Latitatio fraudulosa esse debet. Et quidem si debitor reipublicæ causa abest, bonorum venditionem non patitur : nec hujus bona venire possunt qui ab hostibus captus est, quamdiu revertatur.

In bonorum, venditionem usufructus quoque venit, quia appellatione domini fructuarius continetur. Ex vendundis bonis excipiuntur autem concubina, et statuæ, et liberi naturales.

In eo loco bona distrahenda sunt, ubi quisque defendi debet : id est ubi domici-

lium habet, sive ubi contraxerit et contractum esse censetur, non eo loco quo negotium gestum sit, sed quo solvenda pecunia
est.

Quid juris autem quum in bonorum debitoris venditione, plures ad additionem con-
currunt ? Cum Gaio dicemus creditorem
primum, et deinde cognatum extraneo ante-
ponendum esse, atque inter creditores illum
priorem esse debere cui maxima pecunia
debetur.

Venditione factâ, omnia debitori amittun-
tur et omnium rerum dominia ad emptores
transeunt adjudicatione.

ARTICULUS SECUNDUS,

De privilegiis creditorum.

Quum bona debitoris distrahuntur, dis-
tribuitur pretium ex his redactum inter
creditores : non omnes autem eodem titulo
admittuntur : calii in re jus pignoris aut hy-

pothecæ habent, quo quidem jure in distri-
buendo pretio priores admittuntur.

Alii, inter quos pro rata debiti pretium
dispartitur, chirographarii vocantur. Sunt
autem inter chirographarios quidam qui,
privilegii causâ primum ordinem vindicare
possunt.

Privilegia non ex tempore œstimantur sed
ex causâ, et si ejusdem tituli fuerunt, con-
currunt licet diversitates temporis in his
fuerint.

Nunc varia privilegiorum genera videa-
mus: alia personæ, alia causæ, alie personæ
simul et causæ tribuuntur, inter quæ hoc
discrimen est: quæ causæ dantur ad heredem transmittuntur, quæ personæ autem
ad heredem non transmittuntur.

I. Inter privilegia quæ personæ tribuuntur, nobis primum occurrit privilegium quod
fisco datur: nam respublica creditrix omnibus chirographariis creditoribus præfertur.

II. Inter privilegia quæ causæ tribuuntur, priorum notandum est privilegium
quod creditori funeris sumptuum datur. In
funeris sumptu comprehenduntur elatio

mortui, loci sepulturæ pretium, cadaveris custodia, arca, unguentum; et sumptus fu- neris arbitruntur pro facultatibus et digni- tate defuncti. Quorum sumptuum repetitio per funerariam actionem fit, quæ quidem omnibus competit qui impensas fecerunt.

Creditor qui ob ædificiorum restitutionem pecuniam crediderit, in creditâ pecuniâ pri- vilegium habebit.

Pariter qui ob exstruendam, vel instru- endam, vel etiam emendam navem nummos credidit, privilegium habebit, hoc autem privilegium post fiscum venit.

In bonis mensularii vendundis, quid de his qui fidei mensularii nummos deposue- runt? Distinguere oportet si usuras necne acceperunt : aliud enim est credere aliud de- ponere. Unde, post privilegia, potiorem eo- rum causam esse placuit qui pecunias apud mensam, fidem publicam secuti, deposue- runt : sed qui usuras acceperunt, a cæteris creditoribus non separantur. Si tamen nummi exstent eos a depositariis vindicari posse putat Ulpianus et futurum eum qui vindicationem exercet ante privilegia. Denique eorum creditorum prior ratio est quorum pecunia ad creditores privilegarios pervenit.

III. Inter privilegia quæ personæ simul ac causæ tribuuntur, notandum privilegium est quod pupillo adversus tutorem suum ob actionem tutelæ datur. Quod privilegium ipse pupillus habet, non habent autem ejus successores : sed competit pupillo in bonis tutoris ejusque hæredum et successorum.

Æquisissime idem privilegium habent omnes quibus dantur curatores quasi debilibus, vel surdo vel muto.

Inter eadem privilegia illud quoque referri debet quod mulieri pro dotis restitutione datur in bonis viri. Nec ei tantum conceditur quæ nupta fuit, sed et, ut ait Ulpianus, si sponsa dedit dotem et nuptiis renuntiatum est : tametsi ipsa dotem concedit, tamen æquum est hanc ad privilegium admitti, licet nullum matrimonium contractum sit.

Idem dicemus de puella duodecim annis minore quæ in domum ut uxor deducta fuerit, licet nuptiæ nondum celebratæ fuerint; nempe, ut ait Paulus, interest reipublicæ hanc solidum consequi, ut, ætate permittente, nubere possit.

Distractis bonis pretioque inter creditores distributo, si qua supersit pecunia, hanc jubet Justinianus in arca civitatis deponendam ut, si quis postea apparuerit creditor, ipsi possit satisfieri.

POSITIONES

—

I. — In bonorum debitoris possessionem missio ab uno e creditoribus impetrata cæteris prodest.

II. — Creditor sub conditione in possessionem bonorum debitoris mitti potest.

III. — Non negotiorum gestorum actione creditor qui in possessione fuit quidquid impendit in rem repetere potest.

IV. — Cum quæritur quo ordine is qui deposuit privilegium suum exerceat, non consentiunt leges, (lex 24, § 42, 5; lex 7, § 16, 3 et lex 8 eodem titulo).

DROIT CIVIL FRANÇAIS

RÈGLES GÉNÉRALES SUR LES PRIVILÈGES. — DES PRIVILÈGES SUR LES MEUBLES.

Qui s'oblige, oblige le sien. Ainsi s'exprime un vieil adage.

Ce principe est de droit naturel: aussi vieux que le droit de propriété dont il est l'extension et le développement, nous le retrouvons, appliqué avec plus ou moins de rigueur chez tous les peuples et à toutes les époques.

Chez les Romains et sous l'empire de la loi des XII tables, le créancier pouvait mettre à mort le débiteur hors d'état de satisfaire à ses engagements, et, dans nos vieilles mœurs féodales, il pouvait le réduire en esclavage et le vendre.

VIN. 22.

2

Dans ce système, la vie et la liberté du débiteur répondent en premier ordre de sa dette. Si ses biens sont saisis, c'est comme accessoire de sa personne. Qui confisque le corps, confisque le bien.

Dans notre loi française qui a du tenir compte des idées de liberté, de fraternité des temps modernes, un ordre inverse préside aux garanties accordées aux créanciers. Le principe est que l'exercice de leurs droits se trouve restreint aux biens du débiteur. La personne de ce dernier est sacrée: sa liberté estimée à trop haut prix pour devenir à tous propos la rançon de ses obligations n'est plus atteinte que dans des cas exceptionnels limités par la loi et fort rares surtout depuis la loi du 22 juillet 1867 portant abolition de la contrainte par corps.

Bien plus, des considérations d'humanité et d'ordre public ont soustrait certains biens à l'action des créanciers. Tels sont ceux que la loi déclare insaisissables, dans les articles 580 et 592 du Code de procédure: les rentes sur l'Etat, loi du 8 nivose an VI: les immeubles que la femme s'est constitués en doi (articles 1554 et 1560 du Code civil) ; les droits d'usage, d'habitation, d'usufruit légal des père et mère sur les biens de leurs enfants mineurs.

ARTICLE 2092.

Quiconque s'est obligé personnellement est tenu de remplir son engagement sur tous ses biens, mobiliers et immobiliers, présents et à venir.

Cette formule peut être critiquée, car elle paraît en dire tout à la fois trop peu et trop.

Et d'abord, elle semble indiquer qu'il est indispensable que le débiteur se soit engagé personnellement, tandis qu'elle doit embrasser évidemment tous ceux qui sont obligés, que l'obligation dont ils sont tenus provienne ou non d'un acte de leur volonté. Ainsi l'obligation du maître dans le quasi contrat de gestion d'affaire ne vient point de sa volonté. Qui doute cependant que ses biens répondent de sa dette ?

Notons ensuite que l'article 2092 exprime

que le débiteur cst tenu « sur tous ses biens, mobiliers et immobiliers, présents et à venir» sans mentionner aucune exception : nous avons vu plus haut cependant que certains biens doivent être exceptés.

Sauf ces restrictions, tous les biens du débiteur corporels et incorporels, meubles immeubles, présents et à venir forment le gage de ses créanciers.

Ce droit général de gage présente deux dangers.

1º Il n'enlève pas au débiteur le droit de disposer de ses biens, sauf le cas de fraude.

2º Comme il appartient à tous les créanciers ceux-ci éprouveront une perte proportionnelle si le débiteur devient insolvable.

Tel est le droit commun en dehors duquel on peut se mettre en obtenant des suretés personnelles, comme l'engagement d'un débiteur solidaire, d'une caution, soit des suretés réelles qui consistent dans l'affectation d'une chose au paiement de la dette.

Ces sûretés réelles sont les privilèges et hypothèques.

Nous pouvons y ajouter le droit de rétention : non que ce droit soit par lui-même une cause de préférence mais il peut dans certains cas produire le même résultat qu'un droit de préférence véritable.

Si, en effet, la chose objet de ce droit a été mise aux enchères à la requête des autres créanciers, le créancier rétenteur aura le droit de ne délivrer cette chose qu'après s'être payé de tout ce qui lui est dû à raison de ladite chose. Mais, et voici en quoi le droit de rétention diffère principalement des privilèges, si le créancier rétenteur provoquait lui-même cette vente aux enchères il serait censé avoir renoncé à son droit et ne pourrait aucunement prétendre être payé par préférence sur le prix.

ARTICLE 2095.

« Le privilège est le droit que la qualité de la créance donne à un créancier d'être préféré aux autres créanciers, même hypothécaires. »

Les circonstances qui donnent qualité

à la créance, qui la rendent favorable aux yeux de la loi peuvent être ramenées à cinq.

1° L'équité qui commande, par exemple, que, des frais de justice ayant eu lieu dans l'intérêt commun de tous les créanciers, celui qui en a fait l'avance, soit payé par préférence aux créanciers qui en ont profité.

2° L'humanité, qui, pour éviter qu'un débiteur peu solvable ne soit délaissé, offre aux médecins et aux fournisseurs des garanties spéciales.

3° L'intérêt général, la moralité publique qui demandent que les morts reçoivent une sépulture prompte et décente.

4° Une constitution expresse ou tacite de gage, comme celle qui affecte les meubles du locataire à la sureté de la créance du bailleur, et les effets du voyageur à la sureté de la créance de l'aubergiste.

5° Le fait que le créancier a mis ou conservé dans le patrimoine du débiteur un objet qui n'y serait pas sans lui, fait qui exige que le vendeur soit privilégié sur la chose vendue et celui qui a fait des dépenses pour conserver une chose sur la chose conservée.

La créance qui ne peut invoquer l'une ou l'autre de ces qualités est, en général, chirographaire et les parties ne peuvent la munir d'un privilège, sauf exception pour le gage. Cette créance chirographaire sera primée par la créance hypothècaire qui elle même sera primée par la créance privilégiée.

Toutefois cette formule « que les priviléges priment les hypothèques » n'est absolument exacte que si l'on entend parler des priviléges généraux de l'art. 2101. Quant aux priviléges spéciaux sur les immeubles, ils ne priment les hypothèques qu'autant qu'ils ont pris naissance avant que celles-ci fussent inscrites. Ainsi le privilége du vendeur sur l'objet vendu cèdera certainement le premier rang à l'hypothèque dont l'auraient frappé le vendeur lui-même ou les précédents propriétaires. Il serait en effet inique que celui qui est passible d'un droit pût l'anéantir en faisant naître à son profit un nouveau droit supérieur au premier.

Notons, en outre, que la définition que le Code donne du privilége est incomplète : car le privilége n'engendre pas seulement un droit de préférence, mais encore, quand il porte sur les immeubles un droit de suite.

Quand plusieurs créances privilégiées sont en conflit, comment se règle la préférence. Elle se règle, dit l'art. 2096, par les différentes qualités des priviléges. C'est la doctrine romaine. *Privilegia non ex tempore œstimantur sed ex causa.* Ainsi parmi les créances passeront les premières non pas celles qui sont les plus anciennes, mais les plus favorables aux yeux de la loi. C'est ainsi que les frais de justice priment les autres créances énumérées dans l'art. 2101, bien qu'ils soient les derniers dans l'ordre du temps.

Puisque la date n'influe en rien sur leur valeur relative, il en résulte que des priviléges reposant sur une cause identique doivent être mis sur le même rang quoique nés en différents temps, et, en effet l'art. 2097 s'exprime comme suit : « Les créanciers qui sont dans le même rang doivent être payés par concurrence. »

Cependant cette règle est loin d'être absolue; elle ne s'applique qu'aux priviléges énumérés dans l'art. 2101. Dans les autres cas, c'est en général une règle inverse qu'il faut appliquer, et le classement des priviléges entre eux se fait eu égard à leur date, la priorité de temps donnant tantôt l'infériorité, tantôt la priorité de rang. Par exemple, la priorité de temps donne l'infériorité de rang entre ouvriers qui à différentes époques, ont fait des réparations sur la même chose. La loi conforme en cela à l'équité veut que le créancier qui a conservé le gage des autres leur soit préféré. En revanche, la priorité de temps donne la priorité de rang, entre vendeurs d'une même chose, par exemple le premier vendeur est préféré au second, le second au troisième et ainsi de suite.

ARTICLE 2098.

Sans entrer dans de grands développements nous allons nous occuper du privilége que l'art. 2098 établit en faveur du Trésor.

« Le privilége à raison dès droits du Trésor, dit cet article, et l'ordre dans lequel il s'exerce sont réglés par les lois qui les concernent. Le Trésor ne peut cependant pas obtenir de privilége au préjudice des droits antérieurement acquis à des tiers. »

Voici l'énumération de ces lois.

1º La loi des 6-22 août 1791 confère à la régie des douanes un privilége sur les meubles des comptables et de tout redevable, privilége qui passe après ceux des art. 2101 et 2102. Toutefois il prime la créance du locateur pour tout ce qui excède six mois de loyer ;

2º Le décret du 1ᵉʳ germinal an XIII, art. 47, accorde à l'administration des contributions indirectes un privilége identique au précédent ;

3º La loi du 5 septembre 1807 établit au profit du Trésor un privilége sur la généralité des meubles du comptable et même de sa femme, sauf à celle-ci à prouver que ces meubles lui appartiennent légalement. Il est primé par tous les priviléges du Code civil.

4º Une autre loi du 5 septembre 1807 donne au Trésor privilége sur les meubles du condamné pour recouvrement des frais de justice criminelle. Il vient en dernier lieu, même après les sommes dues pour la défense du condamné.

5º La loi du 12 novembre 1808 établit un privilége au profit du Trésor pour recouvrement des impôts directs. Ce privilége s'exerce, pour la contribution foncière, sur les récoltes, loyers et revenus des biens imposés, pour la contribution mobilière, des portes et fenêtres, des patentes, sur tous les meubles des redevables : il s'exerce avant tout autre.

Avant d'aborder la division des priviléges établissons quelques-unes des différences qui séparent les priviléges des hypothèques.

1º Les priviléges peuvent avoir pour objet des meubles ou des immeubles : les hypothèques ne peuvent porter que sur des immeubles.

2º Les priviléges n'ont qu'une source, la loi (sauf l'exception relative au gage) ; les hypothèques proviennent de la loi, des jugements, des conventions.

3° Les priviléges priment les hypothèques.

4° Pour déterminer le rang des créanciers hypothécaires entre eux on applique l'adage : *Qui prior est tempore, prior est jure.* Pour déterminer le rang des créanciers privilégiés entre eux on applique l'adage : *Qui prior est causa potior est jure.*

ARTICLES 2099 ET 2100.

Les articles 2099 et 2100 divisent les privilèges en trois classes.

1° Les privilèges généraux c'est-à-dire qui portent sur les meubles et subsidiairement sur les immeubles du débiteur.

2° Les privilèges spéciaux sur les meubles.

3° Les privilèges spéciaux sur les immeubles.

ARTICLE 2101.

Privilèges généraux sur les meubles.

Frais de justice.

L'article 2101 qui enumère les privilèges généraux sur les meubles nomme en premier lieu les frais de justice.

Par frais de justice, il faut entendre les frais faits dans l'intérêt commun des créanciers pour la conservation ou la liquidation de leur gage tels sont les frais d'apposition et de levée de scellés, d'inventaire, de saisie, de gardien, d'affiches.

Ce privilège est, avons-nous dit, général en ce sens qu'il porte sur tous les meubles et subsidiairement sur tous les immeubles du débiteur, mais il n'est pas général dans le sens absolu du mot. Ayant sa source dans la gestion d'affaires au profit des créanciers, il varie suivant la masse des biens conservés on liquidés. A-t-il protégé la généralité des meubles et des immeubles il est général dans le sens absolu du mot. N'at-il, au contraire, protégé qu'une partie des meubles et des immeubles, il ne s'étend qu'à cette partie.

Pour savoir si tels frais de justice peuvent légitimement aspirer à primer certaines créances, il suffit d'examiner si ces frais ont été utiles aux porteurs de ces créances, S'ils ne leur ont pas été utiles, le privilège qui garantit ces frais ne peut leur être opposé. Ainsi les frais de scellés apposés sur les meubles du locataire ne priment pas la créance du locateur, car ces frais ne lui auront pas été en général utiles. Au reste, le texte de la loi laisse aux juges un pouvoir d'appréciation très large.

Frais funéraires.

Après le privilège des frais de justice vient celui des frais funéraires. Deux raisons l'ont fait établir : l'une a sa source dans ce sentiment de respect pour les morts que la

nature a gravé dans le cœur de l'homme
et que les Romains nommaient *pietas* :
l'autre, dans l'intérêt de la salubrité publi-
qui commande que les morts ne restent pas
sans sépulture.

Maintenant quelles sont les sommes qui
sont considérés comme frais funéraires et
qui jouissent du privilège?

Nous pouvons répondre à cette question
en nous référant au droit romain.

Les lois romaines prescrivaient que les
frais funéraires devaient être arbitrés suivant la fortune et la dignité du défunt
« sumptus funeris arbitrantur pro facultatibus vel dignitate defuncti » et qu'ils ne devaient comprendre que les impenses, c'est-
à-dire les dépenses nécessaires, mais non
celles du luxe.

Par suite, nous entendrons par frais funéraires ceux directement occasionnés par
l'ensevelissement du corps ; comme l'achat
d'un terrain nécessaire à la sépulture, les
honoraires du clergé, etc.

Le deuil de la veuve doit-il être considéré
comme faisant partie des frais funéraires et

par conséquent jouir du privilége accordé à ces frais par l'art. 2101. Pour l'affimative, on invoque la doctrine de l'ancien Parlement de Paris, en ajoutant que si le législateur avait voulu s'écarter de cet usage, il l'aurait formellement exprimé.

Nous adopterons l'opinion contraire.

D'abord, ce serait une erreur de croire que la première opinion fut aussi générale dans l'ancien droit que les partisans de l'affirmative veulent bien le dire.

Le Parlement de Bordeaux était d'un avis absolument opposé à celui du Parlement de Paris.

Ensuite, les priviléges sont de droit étroit. Le Code parle de frais funéraires. Il semble évident que ce serait forcer le sens grammatical de ces mots que d'y comprendre autre chose que ce que le droit romain appellent « impensa funeris » et que ce que nous appelons frais d'enterrement.

Il y a encore en cette matière une question fort controversée. Nous venons de voir que les frais faits pour la sépulture du débiteur sont privilégiés. Doit-on accorder le même privilége aux frais funéraires faits pour ses proches ?

Pour l'affirmative, on argumente du texte de la loi qui est général, et l'on invoque la dernière partie de notre article 2101 qui déclare privilégiées les fournitures de subsistances faites à la famille du débiteur, comme celles faites au débiteur lui-même.

Ici encore, nous nous déclarons pour la négative, nous fondant sur ce que les priviléges sont de droit étroit et sur ce que le Code n'a admis ce privilége qu'autant qu'il a pensé que les créanciers n'en ressentiraient qu'un faible préjudice. Or le privilége accordé à toute créance funéraire pourrait absorber des sommes considérables au grand dommage des autres créanciers. En outre, l'argument qui consiste à assimiler les frais funéraires aux frais de subsistances de l'article 2101 4°, nous paraît peu concluant : il se retourne contre ceux qui l'invoquent. En effer, quand le Code a voulu que la famille du débiteur fut traitée comme le débiteur lui-même, il l'a spécifié ; ne l'ayant pas expressément spécifié dans le cas qui nous occupe, nous devons appliquer l'adage ; « *Qui dicit de uno, negat de altero.* »

Frais de dernière maladie.

Après les frais funéraires viennent les frais de dernière maladie.

Ce privilége est accordé aux médecins, chirurgiens, pharmaciens qui ont soigné le débiteur pendant sa dernière maladie. Mais que faut-il entendre par ces mots « la dernière maladie ? » Est-ce celle qui a précédé la mort du débiteur ? ou bien est-ce celle qui a précédé l'événement quelconque, faillite, déconfiture qui a donné lieu à la distribution des deniers.

Quoique la seconde opinion soit plus généralement admise que la première, nous adopterons la première opinion. Elle s'appuie, en effet, d'une façon pour ainsi dire irréfutable sur l'autorité de l'histoire. Pothier enseigne que par frais de dernière maladie, il faut entendre ceux qui ont été faits pendant la maladie dont le débiteur est mort.

Or- rien ne nous autorise à penser que les rédacteurs du Code aient entendu innover sur ce point. Cette opinion est, du reste, fort rationnelle et Brodeau l'a pleinement justifiée. « A l'égard des maladies guéries, dit-il, l'apothicaire faisant crédit au débiteur suit sa foi, rentre dans le droit commun, et renonce tacitement à son privilége, au lieu que, la personne qui a reçu l'assistance n'étant plus au monde pour avoir soin d'une dette si charitable et si favorable, la loi y emploie son office et donne son privilége.

Si la maladie a un caractère chronique, nous pensons que les frais doivent être privilégiés seulement depuis le moment où la maladie, prenant un caractère particulièrement dangereux s'est rattachée à la mort d'une manière immédiate et déterminante.

Salaire des gens de service.

En quatrième ordre, vient le privilége des gens de service.

Par gens de service, il faut entendre les

domestiques attachés à la personne du maître et au service de la maison, c'est-à-dire les personnes qui rendent des offices subalternes moyennant un salaire modique. Le privilége des gens de service comprend le salaire de l'année échue et de l'année courante, c'est-à-dire les créances qu'ils conservent sans avoir besoin d'interrompre la prescription.

La loi ne parlant dans l'article 2101 4° que des gens de service qui se louent à l'année, la question s'est trouvée agitée de savoir si la disposition sus-relatée s'applique à ceux qui se louent au mois, au trimestre ou au semestre. Je crois que l'affirmative est à décider : mais l'action, dans ce cas, se prescrivant par six mois, le privilége ne s'exerce que pour la portion non prescrite des salaires : il pourra s'exercer pour une année et l'année courante en cas d'interruption de la prescription seulement.

Fournitures de subsistances.

Enfin, au cinquième rang, la loi place les

fournitures de subsistances faites au débiteur et à sa famille.

La loi, en établissant ce privilége, a fait une distinction. Les marchands en détail n'ont de privilége que pour ce qu'ils ont fourni dans les six derniers mois, les marchans en gros et maîtres de pension pour ce qu'ils ont fourni pendant la dernière année. La raison de cette différence est que les fournitures en détail se payant à termes très-rapprochés, les créanciers ont dû croire que les fournitures antérieures aux six derniers mois ont été payées, et qu'ils ne doivent pas être primés par une créance dont ils n'ont pas pu prévoir l'existence.

ARTICLE 2102.

Priviléges spéciaux sur les meubles.

L'article 2,102 donne privilége à sept créances.

Les circonstances qui font que ces créances sont favorables aux yeux de la loi peuvent être ramenées à deux :

1º Constitution expresse ou tacite de gage;

2º La circonstance que le créancier a mis ou conservé dans le patrimoine du débiteur un objet qui n'y serait pas sans lui.

Nous abandonnerons l'ordre suivi par le Code pour classer chaque privilége dans la catégorie à laquelle il appartient. Du reste, l'article 2102 ne classe pas les priviléges dans leur ordre de préférence, comme le fait l'article 2101. Nous étudierons plus loin les règles du droit de préférence des priviléges entre eux.

Priviléges résultant d'une constitution expresse ou tacite de gage.

Ce sont 1º le privilége du bailleur sur les meubles garnissant les lieux loués, 2º celui du créancier gagiste sur l'objet qui lui a été remis en gage, 3º celui de l'aubergiste sur les effets des voyageurs, 4º celui du voiturier sur la chose voiturée, 5º celui de l'État et des particuliers sur le cautionnement de certains fonctionnaires.

Privilége du bailleur sur les meubles garnissant les lieux loués.

Dans le droit romain, le propriétaire d'une maison avait une hypothèque tacite sur les meubles du locataire; le propriétaire de biens ruraux avait aussi une hypothèque, mais sur les fruits de l'héritage donné à bail.

Notre droit coutumier avait transformé en privilége sur les meubles ce qui en droit romain était une hypothèque tacite, et le privilége portait aussi bien sur les meubles garnissant les fermes que sur ceux garnissant les maisons louées.

Nous allons examiner le privilége du bailleur tel qu'il est organisé par le Code. A cet effet nous allons traiter les matières ci-après.

1º A quelles personnes appartient le privilége du bailleur.

2º Quels sont les meubles grevés de ce privilége.

3° Quelle est son étendue.

4° Du droit de revendication.

5° Des priviléges qui priment celui du bailleur.

1° A qui appartient le privilége du bailleur.

Toute location d'immeubles donne lieu en faveur du locateur à un privilége pour le paiement de ses loyers et fermages, mais il importe peu que cette location émane du propriétaire ou de toute autre personne ayant la disposition de la chose, le privilége étant attaché non à la personne du propriétaire, mais au fait de la location. Il existera donc au profit de l'usufruitier ou du possesseur qui loue l'immeuble dont il a l'usufruit ou la possession.

2° Quels sont les meubles grevés de ce privilége.

Le privilége porte : 1° sur les meubles garnissant la maison ou la ferme, 2° sur tout ce qui sert à l'exploitation de la ferme, 3⁰ sur les fruits de l'année.

Que faut-il entendre par meubles garnissant les lieux loués? Ceux sur lesquels le locateur a pu raisonnablement compter comme devant servir de gage à sa créance. Nous en excepterons donc tout ce qui se trouve dans les lieux loués non pour y rester; mais en passant, comme l'argent comptant, les bijoux, les créances.

Les meubles garnissant les lieux loués forment le gage du propriétaire, quand bien même ils n'appartiendraient pas au locataire. La revendication de ces objets ne peut lui nuire, parce qu'il peut la repousser en invoquant la règle : en fait de meubles possession vaut titre. Notons qu'il faut être de bonne foi pour que cette règle puisse s'appliquer : aussi le privilége ne pourra-t-il porter ni sur les meubles appartenant à un tiers dont le bailleur a connu la propriété, ni sur des meubles perdus ou volés.

Le privilége sur les fruits de l'année n'étant pas fondé sur une idée de gage, mais sur ce fait que le propriétaire a augmenté le patrimoine du débiteur, nous en traiterons dans la deuxième catégorie.

3º *Quelle est l'étendue du privilége du locateur.*

Ici deux hypothèses se présentent :

Premièrement. — Le locateur procède seul à la saisie des meubles de son locataire : dans ce cas, il ne saurait être question de privilège.

Deuxièmement. — Le locateur est en conflit avec les autres créanciers du locataire.

Il peut alors invoquer son privilége, mais dans quelles limites. Deux cas sont à examiner :

1º Le bail a reçu date certaine avant la faillite ou la saisie. Il n'y a pas à redouter de collusion entre le locataire et le propriétaire : la bonne foi est présumée, et le privilége s'exerce dans le sens le plus étendu, pour tous les termes échus ou à échoir, sauf le droit pour les autres créanciers de relouer à leur profit la maison ou la ferme.

2º Le bail n'a pas reçu date certaine avant la faillite on la saisie. Dans ce cas une collusion entre le locataire et le propriétaire est à craindre, le bail est suspect, il y a présomption de mauvaise foi, et, en conséquence le bail est restreint.

L'article 2,102 s'exprime ainsi : « Le privilége s'exerce pour une année à partir de l'année courante. » Quel est le sens de cet article? La question est controversée.

Les uns, prenant le texte de la loi au pied de la lettre, croient que le locateur n'a de privilége ni pour les années échues, ni pour l'année courante, mais seulement pour l'année qui suit cette dernière.

Les autres croient que le locateur a privilége pour l'année courante et celle qui la suit. La loi présume la sincérité du bail pour l'année à échoir : *a fortiori*, doit-on la présumer pour l'année courante. Le fait de l'occupation ne prouve·t-il pas évidemment l'existence du bail?

Dans une troisième opinion que nous adopterons, le privilége est admis pour les années échues, l'année courante et celle qui la suit. La loi ne refuse expressément au locateur dont le bail n'a pas date certaine, le privilége qui pour les années à échoir, sauf la première : nous devons donc en conclure que ce privilége existe à son profit pour les années échues.

4° *Du droit de revendication.*

La loi accorde au bailleur, pour le protéger contre son locataire, outre le privilége dont nous venons de parler, un droit de revendication sur les objets détournés frauleusement de la maison ou de la ferme. C'est une exception à la règle que les meubles n'ont pas de suite par hypothèque, mais elle est conforme au principe général émis par le Code en matière de propriëté mobilière, à savoir que la revendication des meubles corporels est accordée contre les tiers possesseurs en cas de perte ou de vol : or, le détournement des meubles par le locataire est une espèce de vol de gage commis au détriment du locateur.

Le bailleur doit faire la saisie-revendi-
cation dans la quinzaine du déplacement,
s'il s'agit d'une maison et dans les quarante
jours s'il s'agit d'une ferme.

5° *Des priviléges qui priment celui du bailleur.*

En vertu de la règle qu'il faut colloquer
au premier rang la créance dont la cause a
créé ou conservé le plus actuellement le gage
commun, le privilége du bailleur sera primé
par celui des moissonneurs et des vendeurs
de semences et d'outils.

Privilége du créancier-gagiste.

« L'article 2102 mentionne le privilége du
créancier-gagiste dont il est traité spécialement dans les articles 2073 et suivants du
Code.

« Le gage, dit l'article 2073, confère au
créancier le droit de se faire payer sur la

chose qui en est l'objet, par privilége et préférence aux autres créanciers. »

La conservation du privilége est liée à la possession de la chose engagée. Mais si le créancier-gagiste a perdu l'objet du gage ou qu'il lui ait volé, il aura le droit de revendication. Ce droit résulte en sa faveur, par analogie de l'article 2102 1° et de l'article 2279.

Privilége de l'aubergiste sur les effets des voyageurs.

L'aubergiste a un privilége sur les effets des voyageurs transportés dans son auberge. Cette faveur d'origine toute française remonte à la coutume de Paris. Elle est du reste fort équitable : car, l'aubergiste ne pouvant en général contrôler la solvabilité des voyageurs qu'il reçoit, il était juste qu'une garantie lui fut accordée par la loi. Ce privilége existe pour les dépenses du voyage actuel seulement.

Privilége du voiturier sur la chose voiturée.

Nous classons parmi les priviléges reposant sur une idée de gage le privilége du voiturier. Quelques auteurs le font cependant reposer sur une idée de plus value des choses voiturées. L'intérêt de la question est que dans la première opinion le privilége cesse par la remise de la chose faite au destinataire, tandis que dans la deuxième opinion, il subsiste malgré cette remise.

Le premier système nous semble préférable : en effet, le transport ne donne pas toujours plus value à la chose voiturée, et, cependant le privilége existe toujours. De De plus notre droit ne donne pas de privilége pour l'amélioration des choses mobilières.

Privilége de l'État et des particuliers sur le cautionnement des fonctionnaires publics.

La loi donne privilége aux créances résultant d'abus et de prévarications commis par des fonctionnaires publics tels que les notaires, avoués, agents de change, certains employés des administrations, sur les fonds de leur cautionnement et sur les intérêts qui peuvent en êtres dus.

Priviléges résultant de l'idée de conservation ou d'augmentation du gage commun.

Ces priviléges sont : 1º le privilége de celui qui a fait des frais pour la conservation d'une chose sur la chose conservée ; 2º le privilége du vendeur sur la chose vendue ; 3º le privilége du locateur sur les fruits de l'année ; 4º le privilége des vendeurs de semences et d'outils sur les semences et les outils vendus, ainsi que celui des moissonneurs sur la récolte.

1º Privilége du conservateur sur la chose conservée.

Il n'y a pas de privilége plus légitime que celui-là. Le créancier qui a conservé la chose a fait l'affaire des autres créanciers : Causam pignoris salvam fecit. Ce privilége est indépendant du fait de la possession.

Les dépenses d'amélioration sont-elles privilégiées comme celles de conservation ? A notre avis, non. La loi est formelle à cet égard, et on ne doit pas créer des priviléges par interprétation.

Privilège du vendeur de meubles.

La vente, le plus usuel et le plus nécessaire de tous les contrats devait être entourée par la loi de garanties spéciales. Aussi voyons-nous que la loi accorde au vendeur d'un effet mobilier non payé : 1° un droit de retention, 2° un droit de résolution, 3° un privilège sur le prix de la chose vendue, 4° un droit de revendication.

Nous nous occuperons du privilège et du droit de revendication seulement.

1º *Du privilège.*

La loi accorde au vendeur le droit de se faire payer par préférence à tout autre, sur le prix de revente des meubles qu'il a mis dans le patrimoine du débiteur.

L'exercice de ce privilège est subordonné à la condition que l'objet vendu soit encore en la possession de l'acheteur. C'est une différence avec le privilège du bailleur qui donne un droit de suite sur les meubles du locataire.

Le privilège s'éteint donc lorsque l'objet sur lequel il porte est aliéné par l'acheteur. Si le prix est encore du par le sous-acheteur est-il reporté sur le prix ? Non, car nulle part cette subrogation n'est édictée.

2º *De la revendication.*

Le vendeur, outre son privilège, a le droit de revendiquer les objets vendus au comptant et livrés sans avoir reçu le prix.

L'exercice de ce droit exige trois conditions 1º que les choses vendues et livrées soient en la possession de l'acheteur, 2º qu'elles soient dans le même état, 3º que la revendication soit exercée dans la huitaine.

Mais quelle est la nature de cette revendication.

Sur ce point, trois systèmes :

Premier système. — C'est une revendication proprement dite c'est-à-dire l'action du propriétaire réclamant sa chose. Le Code est revenu à la théorie du droit romain.

Deuxième système. — C'est une action en résolution. Elle devra être exercée dans la huitaine de la livraison, si elle est exercée à l'encontre des créanciers de l'acheteur, et pourra l'être pendant trente ans si le vendeur n'est en conflit qu'avec l'acheteur.

Troisième système. — C'est une revendication *sui generis.* C'est une revendication du droit de retention. Le vendeur qui l'exerce entend reprendre, sans porter atteinte à la vente, la possession de la chose afin de la retenir *jure pignoris* jusqu'au paiement du prix.

Privilège du locateur sur les fruits de l'année.

Ce privilège a pour cause l'augmentation du gage commun ; le locateur a mis dans le patrimoine la récolte du bien affermé : il doit donc être payé sur cette récolte par préférence. Le Code ne parle que de la récolte de l'année : le locateur n'aura-t-il jamais privilège sur les récoltes précédentes ? Si, mais seulement quand elles auront été engrangées dans les bâtiments de la ferme, car alors elles rentrent dans la catégorie des meubles garnissant les lieux loués.

Privilèges des moissonneurs, vendeurs de semences et d'outils.

Les moissonneurs, vendeurs de semences et d'outils ont privilège sur la récolte de l'année, parce qu'ils ont contribué à la mettre dans le patrimoine du débiteur. La créance la plus préférable est celle qui a conservé le plus actuellement le gage des autres. Par suite le moissonneur primera le vendeur de semences et tous deux primeront le bailleur.

Classement des privilèges.

Le Code enumère bien les différents privilèges mais sans les classer. Nous allons examiner les différents systèmes proposés par la doctrine pour suppléer à la lacune si regrettable du Code.

Le conflit peut exister :

1º Soit entre les privilèges de l'article 2101,

2º Soit entre les privilèges de l'article 2102,

3º Soit entre les privilèges énumérés dans ces deux articles.

1º *Conflit des privilèges généraux entre eux.* — Des trois points sus-indiqués, la loi n'en règle qu'un. Les privilèges généraux entre eux sont classés dans l'article 2101 selon leur ordre numérique. Ainsi les frais de justice priment les frais funéraires, les frais funéraires ceux de dernière maladie et ainsi de suite : il n'y a donc pas de difficulté sur ce point.

2° *Conflit des privilèges spéciaux entre eux.* — La loi a prévu et réglé trois conflits 1° concours du locateur avec le vendeur de meubles non payé, 2° concours sur le prix des ustensiles, entre le locateur et le créancier qui les a vendus ou réparés, 3° concours, sur le prix de la récolte de l'année, entre le bailleur et les créanciers qui ont fourni la semence.

En généralisant les idées qui ont donné naissance aux privilèges que nous venons d'indiquer, on arrive à formuler les trois régles suivantes :

Le créancier gagiste (nous comprenons sous cette dénomination tout créancier nanti d'un gage soit expressément soit tacitement comme le bailleur, l'aubergiste, etc) prime le conservateur et le vendeur lorsqu'il ne connaissait pas leur créance au moment du nantissement. Dans le cas contraire il est primé par le conservateur et le vendeur.

Le conservateur prime le créancier gagiste, il prime le vendeur lorsque les frais de conservation ont eu lieu depuis le nantissement ou depuis la vente.

Entre plusieurs conservateurs de la même chose celui qui a fait les dernières dépenses est préféré aux autres, car il a sauvegardé leur gage, *totius pignoris causam salvam fecit.*

3º *Conflit entre les priviléges généraux et les priviléges spéciaux.*

Sur ce point, il y a deux systèmes.

Dans un premier système, les priviléges de l'art. 2101 doivent primer ceux de l'article 2102. Il faut suivre l'ordre du Code : si, en effet, la loi a parlé en premier lieu des créances garanties par un privilége général, c'est qu'apparemment elle les a jugées plus favorables. La preuve, ajoute-t-on, que la loi les préfère c'est que tandis qu'elle établit les uns sur tous les biens du débiteur elle restreint les autres à certains effets mobiliers. De plus l'art. 2105 préfère les priviléges généraux aux priviléges spéciaux sur les immeubles et cette préférence doit être étendue par analogie aux priviléges spéciaux sur les meubles.

Dans un deuxième système, que nous adoptons, on place en premier lieu les frais de justice, ensuite viennent les priviléges spéciaux sur les meubles, puis les priviléges généraux autres que ceux de justice.

D'abord il est juste et c'est incontesté que les frais de justice doivent venir en premier rang : ils ont conservé et utilisé le gage commun.

En second lieu, il est juste que les priviléges spéciaux sur les meubles priment les priviléges généraux.

En effet : ou bien les priviléges spéciaux ont procuré l'augmentation ou la conservation du gage social et profité à tous les créanciers, et, à ce titre ils méritent une faveur égale aux frais de justice qui reposent sur une même cause : ou bien ils sont nés par suite d'une constitution expresse ou tacite de gage établie d'une façon spéciale sur des meubles déterminés et un gage établi spécialement sur un meuble doit évidemment lorsqu'il s'agit de ce meuble l'emporter sur le gage qui comprend l'universalité des biens du débiteur.

DROIT ADMINISTRATIF

DE LA COMPÉTENCE EN MATIÈRE
DE CONTRIBUTIONS DIRECTES.

(Loi du 28 pluviose an VIII, art. 4.)

Les impôts sont directs ou indirects. L'impôt direct est celui qui est perçu au moyen de rôles nominatifs, à la différence de l'impôt indirect qu'on a justement qualifié d'anonyme, et qui est perçu en vertu d'un tarif à l'occasion de certains faits de production ou de consommation.

La loi reconnaît quatre sortes de contribution directes ce sont : 1º la contribution foncière, 2º la contribution personnelle et mobilière, 3º la contribution des portes et fenêtres ; 4° la contribution des patentes.

Il y a grand intérêt à distinguer les impôts directs des impôts indirets, surtout au point de vue de la compétence.

C'est aux tribunaux, à l'autorité judiciaire à connaître de tout ce qui tient à l'exécution des lois sur les contributions indirectes, tandis que l'art. 4 de la loi de pluviôse an VIII décide que « le conseil de préfecture prononcera sur les demandes des particuliers tendant à obtenir la décharge ou la réduction de leur cote des contributions directes. »

Pourquoi cette différence entre les impôts directs et les impôts indirects ? Elle prend sa source dans la loi du 16-24 août 1790 qui proclame le principe de la séparation des pouvoirs. En vertu de ce principe, les impôts directs, se percevant au moyen d'une série d'actes [administratifs, doivent échapper à la juridiction ordinaire et relever des tribunaux administratifs. Pour les impôt directs de répartition, l'intervention administrative est facile à constater puisque, après la fixation des contingents imposés à chaque département ce sont les autorités adminis-

tratives qui opèrent la répartition succes-
sivement entre les arrondissements, les communes et les particuliers. Quant à l'impôt
des patentes qui est de quotité, l'intervention de l'administration existe dans ce fait
que les rôles de recouvrement sont rendus
exécutoires par le préfet.

Voyons maintenant à quel genre de réclamations s'applique la compétence des conseils de préfecture.

Les réclamations qui peuvent être formées
en matière de contributions directes peuvent être divisées en deux grandes classes,
celles qui ont pour objet les demandes en
réintégration au rôle et celles qui ont pour
objet des demandes en dégrèvement. Cette
division a perdu de son intérêt depuis l'abolition du cens électoral. Il sera rare de voir
un contribuable soutenir qu'il a été omis ou
trop peu imposé. Cela peut se présenter cependant ; les fonctions de maire ou d'adjoint
ne peuvent être déférées qu'aux citoyens
inscrits dans la commune au rôle de l'une
des quatre contributions directes. De plus
dans certaines communes on ne participe

aux affouages qu'autant qu'on est inscrit au rôle des contributions.'

L'objet principal de la compétence des conseils de préfecture est l'admission ou le rejet de certaines demandes en dégrèvement. Ces demandes se subdivisent en deux catégories, celles en *décharge ou réduction*, et celles en *remise ou modération*. Il y a entre la décharge et la réduction la même différence qu'entre la remise et la modération. Décharge et remise signifient un dégrèvement total, tandis que réduction et modération n'impliquent qu'un dégrèvement partiel, mais, tandis que les demandes en décharge ou réduction sont fondées sur *un droit*, celles en remise ou modération sont fondées sur un simple *intérêt*. Celui qui réclame à fins de décharge ou de réduction soutient qu'il a le droit de n'être pas cotisé, ou de l'être d'une somme inférieure : celui au contraire qui réclame à fins de remise ou modération ne conteste en aucune façon la régularité de sa cote, mais, faisant valoir des considérations d'humanité il s'adresse à la bienveillance de l'administration pour obte-

nir un dégrèvement. Notons enfin la différence suivante entre les demandes en dé-
chage et réduction d'une part et celles en
remise ou modération de l'autre. Si la demande en décharge ou réduction a été agréée,
la somme, montant du dégrèvement, est
répartie l'année suivante par voie de sur-
imposition entre les autres contribuables de
la commune, et c'est avec les deniers que
procure cette recette supplémentaire que les
réclamants sont remboursés. Si au contraire
la demande est en remise où modération, le
déficit constitue pour l'État une perte véritable à laquelle il est pourvu au moyen de
fonds spéciaux appelés fonds de non valeur.

Des diverses classes de demandes que
nous venons d'indiquer, celles en réintégration au rôle sont portées devant le conseil de préfecture en vertu de l'art. 28 de la
loi du 21 avril 1832 : celles en décharge ou
réduction lui sont soumises en vertu de
l'art. 4 de la loi du 28 pluviôse an VIII;
celles en remise ou modération, n'étant pas
fondées sur un droit mais seulement sur
un intérêt, ne peuvent faire l'objet d'une

réclamation contentieuse et doivent être portées par voie gracieuse devant le préfet.

Occupons-nous maintenant de la procédure à suivre pour obtenir le dégrèvement.

La réclamation est assujettie au droit de timbre, si elle atteint le chiffre de trente francs : sinon elle peut être faite sur papier libre. Elle est adressés au préfet ou au sous-préfet.

Les pétitions doivent être |spéciales c'est-à-dire n'ayant trait qu'à une seule nature de contributions et individuelles c'est-à-dire faites pour une seule personne à moins de copropriété. Le contribuable doit y joindre la quittance des derniers termes échus de sa cotisation sans pouvoir refuser le paiement des termes qui viendraient à échoir jusqu'au jugement de sa réclamation.

La pétition est envoyée par le sous-préfet au controleur qui donne son avis et transmet le dossier au directeur des contributions directes. Si celui-ci est d'avis que la demande doit être accueillie, il fait son rapport qui est transmis au conseil de préfecture ; dans le cas contraire, son avis et le dossier de la réclamation sont transmis à la sous-préfecture ; le réclamant est invité à en prendre connaissance, et à faire connaître, dans les dix jours s'il veut faire de nouvelles opérations ou recourir à une expertise. Si l'expertise est demandée, deux experts nommés, l'un par le sous-préfet, l'autre par le réclamant procèdent à une vérification sur les lieux et en présence du controleur, qui dresse un procès-verbal de leurs dires et y joint son avis. Cette expertise a pour but d'éclairer l'autorité qui doit statuer, autorité qui est encore le conseil de préfecture.

La décision du conseil de préfecture doit être rendue dans les trois mois qui suivent la réclamation. En cas de rejet de la demande le réclamant peut se pourvoir devant le conseil d'État : ce recours peut être formé sans le ministère d'un avocat au conseil et il doit l'être dans les trois mois de la notification par le directeur des contributions de la décision du conseil de préfecture.

Pour les demandes en remise ou modération la procédure est la même : seulement
l'autorité compétente pour statuer est le
préfet et le pourvoi doit être fait devant le
ministre des finances, la réclamation,
comme nous l'avons dit, ayant lieu par
voie gracieuse. De plus aucun délai n'étant
fixé, pour intenter ces réclamations elles
peuvent, d'après l'opinion générale, être
présentées pendant toute l'année.

Pour les demandes en réintégration au
rôle, le délai de la réclamation et la procédure sont les mêmes ; voyons maintenant, en matière de contributions directes,
quels sont les autres cas où le conseil de
préfecture peut être compétent.

Toutes réclamations contre le classement,
en matière de cadastre, n'étant au fond que
des demandes en réduction doivent être
portées devant le conseil de préfecture. Notons que les réclamations doivent être formées dans les six mois qui suivent la mise
en recouvrement du rôle cadastral et que
après ce délai elles ne peuvent être admises
qu'autant qu'elles portent sur des causes

postérieures ou étrangères au classement. (Ordonnance du 3 octobre 1821). Les réclamations pour erreurs de contenance doivent-elles subir cette déchéance de l'ordonnance de 1821 ? Nous ne le pensons pas : car elles sont bien complétement étrangères au classement. Nous admettrons donc qu'elles peuvent être présentées chaque année dans les trois mois qui suivent la publication des rôles.

On appelle mutation de côte le changement qui consiste à substituer le nom d'une personne à celui d'une autre sur le rôle des contribuables. Quelle est l'autorité compétente pour statuer sur les demandes tendant à faire opérer ce changement. La législation à cet égard manque d'harmonie. Pour l'impôt foncier et celui des portes et fenêtres, c'est le conseil de préfecture qui est compétent ; pour les patentes, c'est le préfet, et pour l'impôt personnel et mobilier c'est l'administration des contributions directes.

Qu'arrive-t-il maintenant si le contribuable soutient qu'il a payé tout ou partie de la somme qui lui est demandée et soulève des questions relatives à · la régularité des quittances, à des versements d'à-compte ? on admet généralement que les tribunaux administratifs doivent connaître de ces matières, car il s'agit de la vérification d'actes émanés d'un percepteur c'est-à-dire d'un agent administratif. On objecte, il est vrai, qu'il ne s'agit pas ici d'un acte administratif, mais d'un débat d'intérêt privé entre le percepteur et le contribuable et que le tribunal civil doit être compétent. Nous nous rangeons à la première opinion.

Pour ce qui est des actes préalables aux poursuites et des actes de poursuites eux-mêmes jusqu'au commandement, ce qui comprend l'avertissement, la sommation sans frais, la contrainte, le conseil de préfecture est evidemment compétent. Il s'agit ici d'actes émanant d'agents administratifs et se produisant dans la forme administrative, à l'autorité administrative, seule doit incomber la mission d'en apprécier le mérite.

POSITIONS

DROIT CIVIL FRANÇAIS.

I. — Le privilége des frais de justice n'est pas *général* dans le sens absolu du mot.

II. — On ne doit pas considérer comme privilégiés sur les biens d'un débiteur les frais faits par lui pour les funérailles de ses proches.

III. — La dernière maladie dont s'occupe l'art. 2101 doit s'entendre de celle dont le débiteur est mort.

IV. — Le bailleur dont le bail n'a pas date certaine est privilégié pour les années échues, l'année courante et celle qui la suit.

V. — Le privilége du voiturier est perdu

quand la chose voiturée n'est plus en sa possession.

VI. — En cas de revente par l'acheteur le privilége du vendeur originaire ne se transporte pas sur le prix.

VII. — Le droit de revendication dont jouit le vendeur dans les ventes sans terme se rattache à son droit de retention, non a son droit de restitution.

VIII. — Les priviléges spéciaux sur les meublés priment les priviléges généraux, sauf les frais de justice.

POSITIONS

—

DROIT ADMINISTRATIF.

I. — Par exception à la règle qui attribue compétence au conseil de préfecture en matière de contributions, l'autorité judiciaire peut être compétente en cas de perceptions illégales.

II. — Antinomie apparente des dispositions de l'art. 226, Code forestier, et de l'art. 116 de la loi du 3 frimaire an VII.

III. — Les réclamations contre les erreurs de contenance en matière de cadastre échappent à la prescription de six mois prononcée par l'ordonnance du 3 octobre 1821.

IV. — Les conseils de préfecture sont compétents pour les contestations relatives aux actes de poursuite qui précèdent le commencement.

Vu Par le Président de la thèse :

BUFNOIR,

Vu Par le Doyen :

G. COLMET-DAAGE.

IMPRIMERIE SPÉCIALE DES THÈSES DE DROIT

F. PICHON, 14, rue Cujas, et 51, rue des Feuillantines, Paris

9 782019 963989